W0184828

Thomas Faltin

Verborgene Schönheit

Die **Schwäbische Alb**
zum Träumen und Schwelgen

Silberburg-Verlag
www.silberburg.de

Burg Hohenneuffen ist eine der
größten Burgruinen Deutschlands.
Hoch über dem Nebelmeer wirkt sie

MAGISCHE MOMENTE

Seien wir ehrlich: Die Schwäbische Alb kann sich mit den großen Naturwundern dieser Erde nicht messen. Über ihre Ebenen ziehen keine gewaltigen Tierherden wie durch die Serengeti, ihr fehlt die Wildnis und Unendlichkeit Westkanadas, und auch ewig eisbedeckte Gipfel wie in den Alpen sucht man vergeblich. Aber wie bei den Menschen der Gegend, so öffnet sich die Alb dem Besucher erst auf den zweiten oder dritten Blick. Man braucht Geduld und Neugier, um die Reichtümer der Alb zu erkennen, und es braucht Zeit, bis sie einem ihre Freundschaft anbietet. Dann aber zeigt sie, wie wunderbar, wie einzigartig sie ist.

Sie wurde vor Jahrmillionen aus dem Meer geboren, ihre Uferklippen sind noch immer sichtbar. Unter dem Kalkstein liegt ein verborgenes Universum an Höhlengängen und Domen. Ihre prächtigen Quelltöpfe lassen den Betrachter staunen und träumen. Der Albtrauf erinnert an eine gewaltige Trutzburg, hinter der nur ein Elfenreich beginnen kann. Und dass die ersten Kunstwerke der Welt nicht in Afrika entstanden sind, wo der Ursprung der Menschheit liegt, sondern bei uns auf der Alb, verleiht unserer Heimat eine atemberaubende historische Dimension.

Tatsächlich bietet die Schwäbische Alb deshalb magische Momente in Fülle, und deswegen zieht es mich immer wieder hinaus und hinauf zu ihr. Ich bin oft schon am frühen Morgen draußen, wenn die aufgehende Sonne ein warmes Licht auf die Berge wirft, ich wandere gerne im Nebel zu einer Burgruine hinauf oder ich spaziere durch ein felsengesäumtes Tal, wenn Schnee schwer übers Land zieht. Wenn es ganz einsam ist auf den Feldern und in den Wäldern, und wenn das Licht besonders ist, dann stellt sie sich ein, die große verborgene Schönheit der Alb.

Irgendwann habe ich begonnen, auf diesen Wanderungen eine Kamera mitzunehmen. Ich bin Autodidakt, mein eigentliches Domizil ist das Schreiben, und ich habe nicht einmal Wechselobjektive oder ein Stativ dabei. Aber mein Vorteil ist, dass meine Streifzüge zahlreich sind und oft lange dauern – das erhöht die Chance, einen dieser besonderen Augenblicke zu erhaschen.

Meine Fotos zeigen eine scheinbar heile Welt. Meistens sind nicht einmal Häuser zu sehen, allein die Natur hat Platz. Darf man in unserer heutigen Zeit noch einen so romantischen Blick haben, da doch auch die Schwäbische Alb längst kein Paradies mehr ist? Sie ist von Hochspannungsleitungen und Straßen zerschnitten, immer mehr Streuobstwiesen werden Baugebieten geopfert, und um viele Pflanzen- und Tierarten ist es alles andere als gut bestellt. Ich glaube dennoch, dass diese Sicht erlaubt ist. Denn gerade in unserer hektischen und komplizierten Welt braucht die Seele Momente, in denen sie Atem holen kann, in denen sie ruhig werden kann, in denen sie sich einschwingen darf in den Rhythmus der Natur. Auf der Alb kann man Kraft tanken, um gestärkt den Alltag zu meistern, um die schwierigen Dinge anzugehen. Beispielsweise auch einen Einsatz für die bedrohte Alb.

In diesem Sinne wünsche ich Ihnen viel Freude mit diesen Bildern – genießen Sie die Schönheit der Schwäbischen Alb, auf dass Ihr Herz davon überfließen möge.

SONNENAUFGANG

Beim Aufstieg zum Jusi ist es noch dunkel, der Schein der Taschenlampe irrlichtert über den gerölligen Weg und das nasse Gras. Der eigene Atem ist das einzige Geräusch in dieser unwirklichen Stunde, in der die Nacht noch einmal innehält. Dann erwacht im Osten ein schwacher orangener Schein, und die Nebel in der Ebene beginnen sanft zu leuchten. Plötzlich ist es da, das Licht, es tritt auf wie eine Verheißung. Jene wenigen Minuten, bevor die Sonne über den Albtrauf steigt und der Tag die Herrschaft übernimmt, sind wie aus der Zeit gefallen. Niemand würde sich wundern, wenn sich irgendwo an den noch schattigen Hängen eine Pforte öffnet, die hinüberlockt in eine andere Welt.

Im Osten über der Burg Teck leuchtet schon der Horizont. An den herbstlichen Hängen des Jusi aber träumen die Streuobstwiesen noch von der Nacht.

Der Brenztopf in Königsbronn hat sich seine besondere Aura bewahrt, obwohl das Wasser direkt hinter der Quelle in einem Kraftwerk für die Stromgewinnung genutzt wird.

QUELLEN

Wasser war auf der Alb unendlich kostbar, es gab viel zu wenig davon. Als sei dies dem Schöpfer der Alb bewusst gewesen, ließ er das Wasser oft in einer majestätischen Darbietung an die Oberfläche treten. Viele Quellen der Alb besitzen die Schönheit von Königsdiademen. Brenztopf, Blautopf, Aachtopf – niemand kann sich der Faszination dieser Plätze entziehen. Nur Quellen? Nein, Wunderwerke.

MOND

Viele halten das Lied »Der Mond ist aufgegangen« für eine schlichte Kinderweise. Dabei ist der Text mancher Strophen nicht nur anrührend, sondern tiefsinnig, ja philosophisch. Wie diese Zeilen über den Trabanten, der uns niemals seine Rückseite offenbart: »Seht ihr den Mond dort stehen? / Er ist nur halb zu sehen, / Und ist doch rund und schön! / So sind wohl manche Sachen, / Die wir getrost belachen, / Weil unsre Augen sie nicht sehn.«

Der Vollmond geht frühmorgens am Heidengraben bei Grabenstetten unter. Der Wall war vor mehr als 2000 Jahren Teil der Befestigungsanlagen der flächenmäßig größten keltischen Stadt Mitteleuropas. Sie wird Elsachstadt genannt oder nach dem möglichen antiken Namen Riusiava.

*Diese Zirrus-
wolken über dem
Filsenberg bei
Mössingen sind in
heftiger Bewegung.*

WOLKEN

Wolken sind etwas Seltsames. Sie scheinen groß und fest zu sein, aber man könnte ohne Weiteres durch sie hindurchgehen. Sie bestehen aus Wasser, das doch eigentlich nicht fliegen kann. Vor allem aber sind Wolken so wandelbar wie kaum etwas anderes auf dieser Welt. Sie vermitteln eine Ahnung davon, wie veränderlich das Wesen der ganzen Landschaft ist, auch wenn deren Umgestaltung den Horizont des Menschen übersteigt, auch wenn deren Wandel längeren, tieferen Atemzügen folgt.

EISZEITKUNST

Ein kleines Mammut, das aussieht, als springe es gerade ab; ein Pferdchen, das geschmeidig seinen Nacken beugt; und ein seltsames Wesen, halb Löwe, halb Mensch, das in seiner Rätselhaftigkeit die Fantasie anregt wie keine andere Figur aus jener Zeit vor 35 000 Jahren. Auf der Alb, im Lone- und Achtal, hat der Mensch die ersten Kunstwerke der Weltgeschichte geschaffen. Mit den Figuren verbinden sich so viele Fragen. Erwachte nun erst das Bewusstsein des Menschen zur vollen Blüte? Wurde er sich jetzt erst gewahr, dass er sterblich war? Brauchte er deshalb plötzlich Kunst und Religion?

Auch in den Höhlen des Rosensteins bei Heubach hat der Homo sapiens der Eiszeit seine Spuren hinterlassen. Ungewöhnlich ist die Gestalt der Großen Scheuer – das riesige Gewölbe mit drei Eingängen wirkt wie vom Menschen gemacht.

Die Hohle Linde am Rossbergwald bei Dettingen an der Erms soll vierhundert Jahre alt sein.

WILDPFLANZEN

Im Supermarkt ist doch alles da – kaum jemand erinnert sich deshalb noch, dass uns die Natur alles liefern würde, man müsste nur vor die Haustür treten und die essbaren Wildpflanzen pflücken. Ist aber ein Löwenzahnstängel nun giftig oder essbar? Viele wissen das nicht mehr. Letzteres stimmt, und überhaupt ergibt sich ein wunderbarer Salat, wenn man Löwenzahnblätter, Wegerichknospen und einige Gänseblümchen beimischt. Auch die Linde ist ein Naturwunder: Ihre Blätter schmecken im Frühling mild säuerlich, aus den Blüten lassen sich ein heilkräftiger Tee und ein feinherber Honig machen, und im Sommer kann man ihre jungen Früchte wie Kapern einlegen. Die Wildpflanzen sind ein Schatz. Es wird Zeit, dass wir uns aufmachen, nach dem verlorenen Schlüssel zu suchen.

BERGE

Es ist keine dumme Frage: Warum eigentlich empfindet man den Albtrauf, Berge überhaupt, als schön? Vielleicht hängt es damit zusammen, dass der Mensch immer draußen in der Natur zuhause war; die Landschaft weckt tiefe Erinnerungen in ihm. Einkaufsläden, Zentralheizung und Automobile sind sehr angenehm, aber künstlich. Berge verweisen auf unsere wahre Heimat – und in ihrer Schönheit und Größe weit darüber hinaus.

Sonnenstrahlen brechen durch die Wolkendecke und bescheinen das Ermstal bei Dettingen. In der Bildmitte ist die Achalm zu sehen.

Ein mit Buchen gesäumter Weg bei Bad Boll – bald ist die kleine Anhöhe erreicht.

BUCHEN

Buchenwälder sind etwas Herrliches. Im Frühjahr fällt so viel Licht auf den Boden, dass Buschwindröschen, Märzenbecher und Bärlauch unendliche Felder bilden. Im Sommer wandelt man unter den grünen Bäumen wie in gewaltigen Hallen. Im Herbst versinkt der Wanderer bis zu den Knöcheln im knisternden Laub. Und im Winter stehen die Stämme mit ihren knorrigen Ästen Spalier auf allen Wegen. Kein anderer Baum ist so verbreitet auf der Alb wie die Rotbuche.

Sie sind die wahren Herrscherinnen der Alb. Sie sind die Königinnen des Waldes – und des Herzens.

NEBEL

Nur einige Meter weit reicht die Welt, wenn Nebel über den Wiesen und in den Wäldern steht. Dann ist es still auf der Alb, und auf den Wassern tanzen weiße Gestalten ins Nichts hinein. Horch ihnen nach und geh ein paar Schritte, hinüber ins andere Sein.

Die Aussichten auf den Wanderwegen rund um den Dreifürstenstein bei Mössingen sind meist prächtig – doch auch bei Nebel lohnt es sich, dort unterwegs zu sein.

In den Wäldern des Tiefenbachtals zwischen Nürtingen und Owen steigt die Morgensonne aus dem herbstlichen Dunst.

EINFACH SEIN

So viele Dinge, die erledigt werden wollen, und immer kommen neue hinzu. Leider ist es wahr: Meistens sind wir getrieben, werden wir gemacht, werden wir gelebt. Draußen in der Natur dürfen wir einfach sein.

HÖLDERLIN

Man sagt, Friedrich Hölderlin habe viele seiner Gedichte beim Wandern erschaffen. Tatsächlich war er oft unterwegs an den Ufern des Neckars, seines geliebten Flusses, und auf den Hügeln entlang der Alb. Und es ist ja wahr, das Wandern bringt die Gedanken in Gang. Manchmal macht es sogar glücklich – selbst der unglückliche Hölderlin hat dies in seinen jungen Jahren erfahren. So schrieb er in seinem Gedicht »Der Neckar« über die Hügel am Fluss: »Auf ihren Gipfeln löste des Himmels Luft / Mir oft der Knechtschaft Schmerzen; und aus dem Tal, / Wie Leben aus dem Freudebecher, / Glänzte die bläuliche Silberwelle.«

*Das Abendlicht
verfängt sich
im hohen Gras
an der Ostseite
der Achalm.*

Im Herbst hält sich der Nebel lange im Neckartal. Von einer Anhöhe über Neckartailfingen geht der Blick darüber hinweg zum Albtrauf bei Metzingen.

ALBTRAUF

Jeden Tag sieht er anders aus, der Albtrauf. Manchmal steht er in lichtem Blau in der Ferne und wirkt zerbrechlich wie Glas. Manchmal ziehen graue Wolken brodelnd durch die Wipfel der Buchenwälder. Und manchmal strahlt er im Herbst in den kräftigsten Farben von Grün und Gold. Aber wie auch immer er sich zeigt: Er macht ein Versprechen, und man ist begierig, die Gefilde dahinter zu sehen.

JURAMEER

Die Alb ist schaumgeboren – sie entstand im Jurameer vor 150 Millionen Jahren. Die Felsen setzen sich zusammen aus einst lebendigen Schwämmen und Korallen. Es ist ein seltsames Gefühl, auf Meeresboden zu gehen. Und manchmal, wenn es ganz still ist ringsumher, hört man das Rauschen der Brandung noch.

Herrlich unberühr ist das Donautal zwischen Fridingen und Beuron – nur das Schloss Bronnen im Hintergrund lässt auf menschliche Anwesenheit schließen.

Die »Hossinger Leiter« ist ein beliebter Wanderweg oberhalb des Eyachtals bei Albstadt-Laufen. Im Winter sind hier an manchen Felsen Eiszapfen zu bewundern.

GESTUNDETE ZEIT

Wir alle leben in gestundeter Zeit, und niemand weiß, wann er die seine heimgeben muss. Carpe diem, sagten die Römer, nutze den Tag. Fange die schönen Augenblicke, sammle sie wie bunte Blüten und bewahre sie auf, an einem warmen und trockenen Platz in deinem Herzen. Vielleicht, wenn das Schicksal es gut mit dir meint, trägt die Erinnerung an sie dich durch winterliche Zeiten.

KAISER

Schon geografisch haben sie sich abgesetzt, die beiden deutschen Kaisergeschlechter von der Alb, die Hohenzollern und die Staufer: Auf Zeugenbergen vor dem Trauf haben sie ihre Stammburgen gebaut. Dann kehrten sie ihrer Heimat ganz den Rücken, sind aufgebrochen nach Brandenburg und Apulien. Vor allem die Staufer bleiben dennoch immer ein Teil der schwäbischen Seele, wenn auch teils wohl nur deshalb, weil sie zeitlich so fern und deshalb so leicht zu verklären sind. Groß aber war tatsächlich die staufische Blüte von Kunst und Kultur. Nur warum Friedrich Barbarossa im thüringischen Kyffhäuser auf seine Wiederkehr wartet, das erschließt sich den Schwaben nicht. Hätte es auf der Alb nicht genügend Berge und Höhlen gegeben?

Ein Gewitter braut sich in der Ebene zusammen. Am Zeller Horn aber, von wo aus man den schönsten Blick auf die Burg Hohenzollern hat, ist alles noch friedlich.

Der einstige Truppenübungsplatz bei Münsingen bildet den Kern des Biosphärengebiets Schwäbische Alb. Kaum hebt sich der Kirchturm des unfreiwillig aufgegebenen Dorfes Gruorn von der Landschaft ab.

WACHSTUM

Früher schossen hier die Soldaten wild durch die Gegend, heute schießen nur noch die Wiesen wild ins Kraut. Die mehr als hundert Jahre währende Sperrung des Münsinger Hardts hat die Schwäbische Alb der Vergangenheit bewahrt – von einem einzigartigen »Landschaftsmuseum« sprechen manche. Es gibt kaum Straßen, wenig Landwirtschaft, keine Mobilfunkmasten und nur zwei Häuser, die Kirche und die alte Schule von Gruorn. Es tut gut, dass sich die Zukunft des Truppenübungsplatzes nicht am Wachstum von Etagenwohnungen und Investorenkapital ausgerichtet hat, sondern am Wachstum von Kartäusernelke und Adonislibelle. Das macht Hoffnung.

SAGEN

Nixen in tiefem Wasser, Erdmännle in dunklem Wald und Drachen in mächtigem Fels – die Alb ist voller mahnender Sagen und Geschichten. An manchen Orten meint man die Kraft der alten Legenden noch zu spüren, so sehr hat sich die Zeit von Äonen dort verdichtet.

Auch das Eselsburger Tal ist Schauplatz einer Sage: Eine verbitterte Burgherrin soll zwei ihrer Mägde in steinerne Jungfrauen verwandelt haben, weil diese sich beim Wasserholen mit den jungen Fischern im Tal eingelassen hatten.

Die kleinen Autal-Wasserfälle zwischen Bad Überkingen und Aufhausen liegen verborgen in den Wäldern des Albtraufs.

WASSER

Wenn wir spazieren gehen am Sonntag, eine Wanderung übers Wochenende unternehmen oder in Urlaub fahren – es zieht uns, auch im Gebirge, fast immer ans Wasser. Flüsse, Seen und das Meer üben eine gewaltige Anziehungskraft auf den Menschen aus. Warum dies so ist? Wasser weckt vielleicht eine tief in uns schlummernde Erinnerung, denn es war unser aller Urelement. Und auf jeden Fall ist Wasser bis heute unser eigentliches Lebenselixier, wertvoller als alles Gold dieser Welt.

RUINEN

Wer vermag sie zu zählen, die Burgen, die den Albtrauf, die Talhänge und die Höhenzüge säumen? Mehrere hundert sollen es sein. Einsam und geheimnisvoll ist es vor allem dort, wo die stolzen Burgen längst zu Ruinen zerfallen sind, wo kleine Fichten aus den Steinen wachsen, Moos die Gewölbe überzieht und letzte Mauern aufrecht der Vergänglichkeit zu trotzen versuchen. Es ist doch erstaunlich, wie schnell die Natur die Burgen ganz zurückerobert, ganz ohne Schlacht und Kampfgetöse. So ginge es überall, wenn der Mensch plötzlich von der Erde verschwunden wäre. Wäre das eigentlich ein beunruhigender oder doch eher ein schöner Gedanke?

Die Burg Holstein bei Burladingen war im 13. Jahrhundert errichtet worden. Die zahlreichen Mauer- und Befestigungsreste liegen heute gut verborgen im Wald.

Nadelwälder, wie dieser am Boßler bei Weilheim an der Teck, haben oft etwas Düsteres – bis die Sonne sie einnimmt.

LICHT

Als Fotograf sucht man immer das besondere Licht. Ein Ort am Waldrand mag ganz unscheinbar sein, doch legt sich ein Zauber über ihn, wenn die Sonne ihre Strahlen zwischen den Baumstämmen hindurchschickt. Licht verändert alles. Das gilt auch im übertragenen Sinn. Vielleicht benötigt der Körper des Menschen, im Gegensatz zu den Pflanzen, nicht direkt das Licht, um zu gedeihen. Aber auch seine Seele blüht erst im Sonnenglanz richtig auf.

VERGEHEN

Wie ein Wächter steht er hoch über dem Brühlbachtal bei Bad Urach. Weit hinaus geht sein Blick, über Wasserfall und Hohenurach hinweg, unberührt vom Trubel, der dort unten herrscht. Mindestens einmal im Jahr steige ich hinauf zu ihm, um mich nach seinem Befinden zu erkundigen. Auch wenn dieser Baum tot ist – er besitzt weiter eine große Würde und Anmut. Sogar das Vergehen kann von Schönheit begleitet sein.

Es ist die schönste Baumruine, die ich auf der Alb kenne – sie steht nahe des Eppenzillfelsens über Bad Urach.

Ein Flugzeug überquert im Abendlicht die Hochebene bei Sonnenbühl.

FERN- UND HEIMWEH

Während der Kindheit ist die Landschaft, in der man aufwächst, etwas Selbstverständliches, kaum nimmt man ihre Schönheiten und Eigenarten wahr. Erst später, wenn man andere Orte gesehen hat, erkennt man zuhause das Unverwechselbare. Nur wer in die Ferne reist, kann deshalb Heimweh spüren.

KLEINE WUNDER

Im Kleinen ist die Alb ganz groß. Die feine Marmorzeichnung auf einem alten Ast. Eine gelbe Bänderschnecke am Stängel einer Kornblume. Ein weißer Kalkstein, der wie ein Diamant von einem Baumstamm umschlossen wurde. Nur wer bereit ist für die kleinen Wunder, sieht sie auch.

Nichts ist auf diesem Bild arrangiert: So schön legt sich die Natur manchmal ihre Zutaten zurecht.

Eine frei stehende Eiche am Schopflocher Moor strahlt im letzten Abendlicht.

SICH TREIBEN LASSEN

Immer haben wir ein Ziel. Wenn wir aus dem Haus gehen, wenn wir eine Verabredung haben, selbst wenn wir eine Wanderung unternehmen – wir wissen immer genau und schon von vorneherein, wohin. Auf der Alb lasse ich mich treiben. Ich gehe los, wo es mir gerade gefällt, und wandere, wohin es mich zieht. Den Zufall zulassen, einer Laune, einer Eingebung folgen – dann kommt man ganz unvermittelt an. Im Hier und Jetzt.

KELTEN

Es ist eines der großen Rätsel unserer Geschichte: Die keltischen Dörfer und Fürstensitze waren verlassen, als die Römer in unsere Gegend vorstießen – die unersättlichen Eroberer aus dem Süden, sie mussten nicht kämpfen, die Alb, sie war fast menschenleer. Was war aus den Kelten geworden, die 800 Jahre lang die Alb beherrscht hatten? Eine schriftlose Hochkultur ist im Nebel der Geschichte verschwunden. Ipf, Heidengraben, Heuneburg. Sie geben dieses Geheimnis bis heute nicht preis.

Der Zeugenberg des Ipf bildet den nordöstlichsten Pfeiler der Schwäbischen Alb. Vor 2500 Jahren lag dort ein keltisches Machtzentrum – die Wallanlagen sind bis heute deutlich zu sehen.

Dunkel rollen die Gewitterwolken über die Kuchalb zwischen Donzdorf und Geislingen an der Steige hinweg. Jetzt wird es Zeit, ein Obdach zu suchen.

SOMMER-GEWITTER

Stählern liegt der Himmel über dem Land. Die Farben sind wie ausgewaschen im gleißenden Licht. Trunken vor Hitze verstummen die Vögel. Nur die Grillen flüchten nicht in kühlere Tiefen.

Dann endlich zieht es herauf, das erlösende Gewitter.

Ich flüchte in eine kleine Höhle am Waldrand, am Albtrauf, und genieße das Gefangensein.

Der Regen knistert auf den Blättern. Die weißen Blüten des Waldmeisters zittern stumm, wenn ein Tropfen sie trifft. In kleinen Pfützen zieht das Wasser Kreise. Grün dampft der Wald.

HERBSTTAGE

Das tiefe Blau des Himmels trügt. Die Luft ist schon kühl, und golden vergehen die Blätter der Buchen mit letztem Glanz. Noch einmal träumt die Alb von der Zuversicht des Sommers.

In den Wäldern am Jusi kann man zu jeder Jahreszeit wandern: So schön können Novembertage sein.

Unzählige Bäume sind beim Mössinger Bergrutsch abgebrochen und zu Tal gerissen worden – ihre Stümpfe erinnern noch, wie ein Mahnmal, an das Ereignis.

AUFBRUCH

Nach wochenlangem Regen löst sich im April 1983 oberhalb von Mössingen auf mehreren hundert Metern Länge die Hangkante – die Alb fängt an zu rutschen. Zurück bleibt eine gewaltige Schutthalde, auf der die Natur ganz neu beginnen muss. Doch schnell zeigt sie ihren Erfindungsgeist: Unterhalb der Abbrüche und in der Kieswüste bilden sich sogar Tümpel – Frösche siedeln plötzlich in ehedem steilem Fels. So wandlungsfähig ist die Natur. Man wünschte sich manchmal etwas von dieser Begabung, immer wieder neu aufbrechen zu können.

WINDE

Unbekannt, woher sie kamen. Unsichtbar sind sie und haben manchmal doch so viel Kraft. Unheimlich sind sie bei Sturm, unfassbar erscheinen sie, wenn sie uns tragen.

So sind die Winde des Himmels. So sind die Gefühle in uns.

Auf den Wiesen bei Gutenberg beugen sich die Stiele des Spitzwegerichs und die Blüten der Herbstzeitlosen unter dem kräftigen Wind.

Kein Hauch rührt sich über den winterlichen Wäldern der Alb.

SCHWEIGEN

Wir können es uns kaum noch vorstellen: aber die Erde war einmal ein stiller Planet. Donner ist das lauteste, natürlich vorkommende Geräusch. Unsere Vorfahren, sie hörten meistens nur das Murmeln der Bäche, das Surren der Mücken oder das Knistern ihres Feuers. Auf der Alb bekommt man an manchen Orten noch eine Ahnung von dieser Stille. Sitzen, schauen, schweigen – das ist dort oben eine lohnende Beschäftigung.

SCHNEE

Der neue Schnee schafft Kunstwerke. Rein und unberührt sind sie. Und verletzlich und vergänglich, wie wir alle.

Im letzten Licht eines Silvestertages machen wir einen Spaziergang zum Gelben Felsen, nahe der Burg Teck. Wie ein Baldachin steht dieser einzeln stehende Baum über dem Lenninger Tal. Doch mittlerweile ist er abgestorben und trägt im Sommer keine Blätter mehr.

Im zeitigen Frühjahr ist der Waldboden am Fuchseck oberhalb von Schlat übersät mit Bärlauch.

FRÜHLINGS-ERWACHEN

Es gleicht einem Wunder, dass sich die Natur, nach allem, was wir ihr angetan haben, nicht trotzig dem Menschen versagt. Stattdessen lässt sie uns jedes Jahr wieder teilhaben an der Magie des Frühlings, wenn scheinbar aus dem Nichts so viel neues Leben erwacht. Die Natur ist langmütig, aber auch ihre Geduld wird sich erschöpfen.

HEIMAT

Der gebürtige Stuttgarter Richard von Weizsäcker war in seinem Leben viel unterwegs. Vielleicht gerade deshalb sagte er am Ende seines Lebens in einem Interview: »Es ist eine Wohltat zu wissen, wo man zuhause ist.« Jeder sehnt sich nach einem Zuhause. Im Hier und Jetzt ist das meist ein Ort, eine Landschaft, die uns vertraut ist, der wir uns zugehörig fühlen. Noch weiter reicht die Hoffnung auf eine ewige Heimat. »Wir haben hier keine bleibende Stadt, sondern die zukünftige suchen wir«, heißt es im Hebräerbrief.

Man muss nicht nach Kanada fliegen, um einen »Indian summer« zu erleben. An schönen Herbsttagen strahlen auch die steilen Hangwälder der Alb, wie hier an der Baßgeige über dem Lenninger Tal, in leuchtenden Farben.

Das Randecker Maar war früher ein Kratersee, bis eine Felswand im Norden wegbrach. Durch diese Lücke kann man heute hinausschauen bis zum Hohenstaufen (rechts hinten). Früh am Morgen strahlt das Maar eine große Ruhe aus.

VULKANE

Der Schwäbische Vulkan ist schon vor vielen Millionen Jahren erloschen. Aber an mehreren hundert Stellen zwischen Aichelberg und Urach sind seine Schlote noch nachweisbar. Und auch der Laie kann Krater, Schlot und Maar noch erkennen, etwa am Jusi, auf der Limburg oder am Randecker Maar. Selbst nach dieser so unendlich langen Zeit prägt der große Vulkan die Landschaft noch. Die historische Zeit, die letzten zweitausend Jahre, sind für ihn nur ein Wimpernschlag der Erdgeschichte. Wie unbedeutend wäre dieser Abschnitt, wenn nicht gerade wir darin lebten.

HÖHLEN

Menschen sind Augentiere – das wird jedem eindrucksvoll bewusst, der einmal tiefer in eine der wilden Höhlen der Alb eindringt, sich dort auf einen Felsen setzt und für eine Minute die Taschenlampe löscht. Es ist ein mächtiges Gefühl der Ausgesetztheit, das einen überkommt. Eine große Stille umfängt einen wie ein samtener Mantel. Und die Finsternis ist so vollkommen, dass nicht einmal mehr Konturen wahrzunehmen sind. Eine Fledermaus dagegen ist mit ihrem Echolot in einer Höhle ganz in ihrem Element. Der Mensch glaubt meist, er nehme die Welt so wahr, wie sie wirklich ist. Aber das ist eine Illusion. Unsere Sinne vermitteln uns ein beinahe zufälliges Bild der Welt. Ihr wahres Wesen kennen wir nicht.

Die Falkensteiner Höhle bei Grabenstetten gehört zu den schönsten wilden Höhlen der Schwäbischen Alb. Sie hat ein beeindruckendes Portal und wird von einem Fluss durchströmt – von einer Begehung ohne Führer ist dringend abzuraten.

Eine Schafherde zieht über das Klippeneck bei Spaichingen.

SCHAFE

Schafe sind eine bedrohte Tierart. Im ganzen Südwesten gibt es keine hundertfünfzig hauptberuflichen Schäfer mehr, und auch die meisten von ihnen hätten schon aufgeben müssen, wenn sie kein öffentliches Geld dafür bekämen, dass ihre Herden die wertvollen Mager- und Wacholderwiesen beweiden. Die Alb aber wäre ein anderes Land ohne die Schafe. Indem die Tiere möglichst viel wegfressen, halten sie die Landschaft offen – und machen sie reich.

WEITE

Einmal im Leben wollten wir nach New York. Aber wir bleiben halt Landeier. Immer dieser Blick auf Glas und Beton. Nackenschmerzen, wenn wir einmal den Himmel sehen wollten. Bald treibt es uns hinaus nach Coney Island, an den New Yorker Stadtstrand. Als wir aufs Meer hinausblicken, begreifen wir erst, was uns gefehlt hat. Der Horizont. Die Weite. Die Alb bietet sie reichlich.

Vom Heldenberg bei Lauterstein kann man weit am Albtrauf entlangschauen.

*Heftiger Schnee-
fall taucht den
Albtrauf bei Bad
Überkingen in
Schattierungen
von Grau.*

WINTERSTÜRME

Wenn der Raureif die Landschaft in weiße Laken taucht und die letzten Farben vergehen, wenn die nackten Wipfel im Wind nach den Nebeln greifen, wenn das Eis in den Pfützen unter den Schritten bricht, dann weht über die Alb die große Einsamkeit. Nur Krähen ziehen am trüben Himmel zu ihren Schlafplätzen. Wer jetzt durch die kargen Wälder geht, der spürt, wie unbehaust jeder doch ist. Und wie viel Wärme unsere Seele doch braucht.

RECHTES MASS

Gemächlich senkt sich die Sonne über den Horizont. Ameisen krabbeln langsam einen Baumstamm hinauf. Ein Farnblatt entfaltet sich in einem lichten Birkenwald. Sie alle wissen um das rechte Maß und nehmen sich genau die Zeit, die sie brauchen. Warum tun wir das so oft nicht?

Farne wachsen nicht einfach in die Höhe, ihre Wedel entrollen sich – der Austrieb erinnert an einen Bischofsstab.

Am Jusi bei Kohlberg offenbart die Schwäbische Alb eine ihrer vielen wunderschönen Seiten. Wegen solch magischer Momente kehrt man immer wieder zu ihr zurück.

MÖRIKE

In Bad Urach studierte Eduard Mörike am Evangelischen Seminar, in Owen, Ochsenwang und Weilheim übte er seinen ungeliebten Dienst als Vikar und Verweser aus – der Poet mit dem Hang zum Müßiggang kannte und liebte die Alb aus ungezählten Wanderungen. Und es ist tatsächlich so: Wen die Alb einmal berührt hat, den lässt sie nicht mehr los. Auch bei Mörike blieb zeitlebens eine Sehnsucht. Im Gedicht »Besuch in Urach« wird sie deutlich: »Da seid ihr alle wieder aufgerichtet, / Besonnte Felsen, alte Wolkenstühle! / Auf Wäldern schwer, wo kaum der Mittag lichtet / Und Schatten mischt mit balsamreicher Schwüle. / Kennt ihr mich noch, der sonst hieher geflüchtet?«

IMPRESSUM

Der Autor und Fotograf:
Thomas Faltin, Jahrgang 1963, arbeitet seit rund zwei Jahrzehnten bei der »Stuttgarter Zeitung« und den »Stuttgarter Nachrichten«. Er hat als promovierter Historiker mehrere Sachbücher geschrieben, etwa über das KZ Echterdingen am Stuttgarter Flughafen, und er hat als Journalist mehrere Preise gewonnen, darunter den renommierten Deutschen Lokaljournalistenpreis. »Die Nacht von Samhain« war sein erster Roman. Auch dieses Buch spielt auf der Schwäbischen Alb, die Thomas Faltin sehr ans Herz gewachsen ist. Mit seiner Familie lebt er in Nürtingen.

1. Auflage 2017

© 2017 by Silberburg-Verlag GmbH,
Schönbuchstraße 48, D-72074 Tübingen.
Alle Rechte vorbehalten.
Umschlaggestaltung: Christoph Wöhler.
Druck: Gulde-Druck, Tübingen.
Printed in Germany.

ISBN 978-3-8425-2040-0

Besuchen Sie uns im Internet
und entdecken Sie die Vielfalt
unseres Verlagsprogramms:
www.silberburg.de

Ihre Meinung ist wichtig …

… für unsere Verlagsarbeit. Wir freuen
uns auf Kritik und Anregungen unter:

www.silberburg.de/Meinung